KURT KOLLARS

Meine erste Begegnung

Gedanken zur Erstkommunion für Kinder und Erwachsene

Illustriert von MIREK BARANSKI

Be&Be

KURT KOLLARS

Meine erste Begegnung
Gedanken zur Erstkommunion für Kinder und Erwachsene

Illustriert von MIREK BARANSKI

Be&Be-Verlag: Heiligenkreuz 2017
ISBN 978-3-903118-50-8

Bild Cover: Mirek Baranski
Lektorat: Helga Kollars, Josef Gabauer, Marina Trescher
Layout: Augsten Grafik
Printed in EU 2017. Alle Rechte vorbehalten.

Be&Be

© Be&Be-Verlag
Heiligenkreuz im Wienerwald
www.bebeverlag.at
www.klosterladen-heiligenkreuz.at

Direkter Vertrieb:
Klosterladen Stift Heiligenkreuz
A-2532 Heiligenkreuz im Wienerwald
Tel. +43 2258 8703-400
E-Mail: bestellung@klosterladen-heiligenkreuz.at
Homepage: www.klosterladen-heiligenkreuz.at

KURT KOLLARS

Meine erste Begegnung

Gedanken zur Erstkommunion für Kinder und Erwachsene

Illustriert von MIREK BARANSKI

Be&Be www.bebeverlag.at

Inhaltsverzeichnis

Dieses Buch richtet sich an alle Eltern und deren Kinder, die sich für die Erstkommunion vorbereiten. Es möge ihnen helfen, die Bedeutung dieses Sakramentes wahrzunehmen!

So begann es

Alles war aufregend. Meine Mutter ging mit mir einkaufen, denn ich sollte einen schönen, dunkelblauen Anzug bekommen. Dazu erhielt ich ein weißes Hemd und eine hellblaue Krawatte. So langsam verstand ich überhaupt nichts mehr. Es wollte in meinen kleinen Kopf nicht eingehen, dass man sich für diesen Anlass so herausputzen muss.

Zu diesem Zeitpunkt besuchte ich die zweite Klasse der Volksschule bei den Wiener Ursulinen in der Johannesgasse. Man schrieb Mai 1950 und in drei Wochen sollte das große Fest sein. Auch die Mädchen berichteten, dass sie ein weißes Kleid und einen weißen Kranz bekommen haben.

Schwester Angela, unsere Religionslehrerin, erklärte uns, dass diese Feier etwas ganz Besonderes sein wird. Denn in einer kleinen, weißen Oblate, die man Hostie nennt, werden wir den Herrn Jesus empfangen.

Erst als mein Bruder, der kurz vor seiner Priesterweihe stand, mich fragte, ob mir klar sei, was für mich dieses erste Zusammentreffen mit dem Herrn Jesus bedeute, musste ich traurig den Kopf schütteln.

Nun fürchtete ich, dass er auf mich böse sein könnte, doch er nahm mich beim Arm und sagte: „Ich verstehe dich gut und möchte dir heute und an weiteren Nachmittagen von dem Knaben Johannes Maria und seiner Liebe zu Christus erzählen. Nach seiner ersten Beichte, dem Sakrament der Versöhnung, konnte er seine Erstkommunion kaum erwarten, weil er so große Sehnsucht nach dem Heiland hatte. Beginnen will ich mit der *Jugendzeit von Johannes Maria*.

Jugendzeit von Johannes Maria

In einem kleinen verträumten Dorf in Frankreich lebte ein kleiner Junge. Seine Eltern waren Bauern und hatten mit dem Hof sehr viel Arbeit, sodass der junge Knabe, Johannes Maria, bereits mit seinen sieben Jahren mithelfen musste.

Schon mit eineinhalb Jahren kniete Johannes Maria mit seinen Geschwistern beim gemeinsamen Abendgebet. Die ersten Worte, welche die Mutter ihm beibrachte, waren *„Jesus"* und *„Maria"*. Alle religiösen Belehrungen seiner Mutter nahm er mit Begeisterung auf. Er lebte von Kindheit an ganz mit Gott. Als die Nachbarn Johannes Maria beten hörten, meinten sie, dass er sicher Priester werden wird.

Im Jahre 1790, als Johannes Maria vier Jahre alt war, brach die Französische Revolution[1] aus. Sie erschwerte jedes religiöse Leben, weil Priester, die sich dieser Revolution nicht anschlossen, verfolgt wurden. Daher verkleideten sich manche als Handwerker und feierten in Scheunen heimlich die heilige Messe. Auch die Familie von Johannes Maria beherbergte solche Priester in Dardilly.

Immer wieder stellte Johannes Maria seiner Mutter Fragen. Unter anderem auch, was denn die Seele sei. Seine Mutter antwortete: *„Die Seele ist ein schönes Licht im Herzen eines jeden Menschen, das der liebe Gott bei der Geburt entzündet."* Als die Mutter sagte, dass dieses Licht sehr schwach werde, wenn man etwas Böses tut oder sogar ganz ausgeht, meinte der kleine Johannes Maria: *„Ich möchte immer nur Gutes tun, um das Licht nicht zum Erlöschen zu bringen."*

---

1 Die Franzosen erhoben sich gegen König Ludwig XVI. für die Ziele *„Gleichheit, Freiheit und Brüderlichkeit"*

Eines Tages wollte die jüngere Schwester dem vierjährigen Johannes Maria seinen Rosenkranz wegnehmen. Johannes begann zu schreien, bis die Mutter mit den Worten eingriff: *„Johannes, gib ihr deinen Rosenkranz aus Liebe zu Gott!"* Daraufhin reichte er dem Schwesterchen schluchzend seinen Schatz.

Eine große Freude bereitete es Johannes Maria, wenn er mit seiner Mutter der heiligen Messe beiwohnen durfte. Dabei beobachtete er den Priester am Altar. Die Mutter erklärte ihm den Ablauf der heiligen Messe und das Evangelium. Johannes Maria war glücklich über die Nähe des lieben Gottes und das innige Beten seiner Mutter.

Auf dem Heimweg fragte Johannes Maria die Mutter, warum denn der Priester gesagt hatte, dass der liebe Gott die Kinder besonders lieb hat. Seine Mutter antwortete ihm: *„Einmal brachten Eltern ihre Kinder zu Jesus mit der Bitte, sie zu segnen. Die Jünger fuhren sie aber hart an und wollten sie wegschicken. Als Jesus das bemerkte, wurde er zornig und sagte: ‚Lasst doch die Kinder zu mir kommen und weist*

sie nicht ab! Denn Menschen wie ihnen gehört das Himmelreich. Und wer das Reich Gottes nicht so annimmt, wie ein Kind, der wird nicht hineinkommen.' Dann nahm er die Kinder in seine Arme und segnete sie." (vgl. Mk 10,13-16)

„So lieb hat Jesus die Kinder!", rief Johannes Maria glücklich. Und er hielt die Worte des Priesters im Herzen fest und war sehr froh, noch ein Kind zu sein.

Nach einer längeren Regenzeit konnte Johannes Maria mit seinem Schwesterchen die kleine Herde wieder auf die Weide treiben. Dunkle Wolken bedeckten noch den Himmel und die beiden Kinder setzten sich auf einen Baumstrunk. Plötzlich blinzelte die Sonne durch und ein herrlicher Regenbogen spannte seine Farben vom Himmel bis zur Erde. Johannes rief begeistert dem Schwesterchen zu: *„Schau, der liebe Gott verbindet sich mit uns durch diesen Bogen!"* Seine Schwester ließ sich von der überschwänglichen Freude nicht anstecken, denn sie kannte ihren Bruder von seinen Predigten im Hause Vianney, wie die Familie von Johannes Maria hieß.

Er liebte es nämlich, seinen zwei Brüdern und drei Schwestern an manchen Nachmittagen gar herrliche Geschichten über Jesus zu erzählen. Hierbei stand er auf einer Kiste, um die Aufmerksamkeit seiner Geschwister auf sich zu lenken. Am meisten beeindruckte alle die Brotvermehrung: *„Stellt euch vor, wie viele Menschen auf dem Berg um Jesus versammelt waren. Und Er wusste, dass sie nach dem langen Zuhören Hunger hatten. Die Apostel waren geschockt, als Jesus sie beauftragte, etwas zum Essen herbeizuschaffen. Jesus sah ihre erschrockenen Gesichter. Dennoch brachten sie Ihm nach einer Zeit fünf Brote und zwei Fische. Und nun geschah das Unglaubliche. Jesus nahm die Brote, segnete sie und gab sie den Aposteln mit den Worten: ‚Teilt sie aus.‘ Ebenso machte Jesus das mit den Fischen. Und alle Menschen wurden satt. Seht ihr, wie lieb Gott die Menschen hat, denn alle konnten nach Hause gehen und keiner war hungrig."* Die Mutter hatte unbemerkt zugehört und staunte über das eifrige Erzählen ihres Sohnes.

Als Johannes Maria eines Tages ein Kreuz länger betrachtete, fragte er seine Mutter ganz traurig: *„Jesus hat doch nur Gutes getan, warum musste Er am Kreuz sterben?"* *„Weißt du, es gab neben den vielen Menschen, die an Jesus glaubten, auch jene, die Seine Lehre nicht annehmen wollten. Sie dachten, dass mit Seinem Tod alles zu Ende sei. Aber Jesus ist von den Toten auferstanden!"*, antwortete seine Mutter. Ganz ungeduldig sagte Johannes: *„Und haben diese Auferstehung alle gesehen?"* *„Nein, Jesus ist nur mehreren Jüngern erschienen und Maria Magdalena. Diese Frau liebte Jesus über alles. Als sie zu Seinem Grab kam, sah sie mit Entsetzen, dass das Grab leer war. Sie wollte weglaufen. Da begegnete sie einem Mann, den sie vor lauter Tränen für den Gärtner hielt. Sie fragte ihn: ‚Sagt mir, wo habt ihr meinen Meister hingelegt?' Plötzlich hörte sie die ihr vertraute Stimme: ‚Maria!' Da fiel Maria auf die Knie und wollte ihren Heiland bei den Füssen* umarmen. Doch Jesus wehrte ab: ‚Halte mich nicht fest, denn ich bin auf dem Weg zu meinem Vater. Geh aber zu unseren Brüdern und sag ihnen, dass ich zu meinem Vater heimkehre, der auch euer Vater ist.‘ Erfüllt von Freude lief Maria zu den Jüngern und erzählte alles, was ihr Jesus aufgetragen hatte.“ (vgl. Joh 20,11-18)

Immer wieder musste die Mutter Johannes Maria von Jesus berichten und legte so den Grundstein für seine Herzensbildung und seine Liebe zu Christus.“

Damit war leider der erste Nachmittag bereits zu Ende. Mein Bruder konnte so gut erzählen und der Knabe Johannes Maria begeisterte mich. Den darauffolgenden Nachmittag konnte ich kaum erwarten, an dem mein Bruder über die Schul- und Studienzeit von Johannes Maria berichtete.

Schul- und Studienzeit

„1795 kam Lehrer Dumas nach Dardilly und kümmerte sich um die schulpflichtigen Kinder. Unter ihnen befand sich Johannes Maria, der sowohl aufmerksam als auch vorbildhaft lernte. Gerne las er seinen Geschwistern aus dem Leben der Heiligen vor und erzählte, was er im Religionsunterricht erfahren hatte.

Als Johannes Maria elf Jahre zählte, besuchte die Familie Vianney ein Priester. Dieser gab sich als Koch aus, weil er verfolgt wurde. Bei ihm beichtete Johannes Maria das erste Mal und erkannte dadurch seine Nachlässigkeiten. Johannes konnte sein Glück nicht fassen, weil er wusste, dass er nun mit dem lieben Gott versöhnt war. Von seiner Mutter erfuhr er, dass die Beichte und die Taufe Sakramente sind. Zeichen, welche die Liebe und Nähe Gottes zu uns Menschen bewirken.

Begeistert von der kindlichen Unschuld des Jungen gab der Priester den Eltern von Johannes Maria den Rat, ihn regelmäßig nach Ècully zum Religionsunterricht zweier Damen zu schicken. Es waren Schwestern des Ordens vom heiligen Karl Borromäus. Sie sollten Johannes Maria auf die erste heilige Kommunion, die er sehnsüchtig erwartete, vorbereiten. Gemeinsam mit vierzehn Kindern aus Ècully und benachbarten Orten fand der Unterricht für die erste heilige Kommunion statt, wobei Johannes Maria bereits damals als besonderer Junge auffiel.

Im Juni 1799 war es dann endlich soweit. Eine große Freude durchströmte Johannes Maria, denn er wusste, dass er mit der Hostie den Heiland empfangen und im Herzen tragen durfte. Auch als Priester gelang es ihm kaum, die Rührung zu verbergen, wenn er den Kindern in seiner Pfarre von seiner Erstkommunion erzählte: *„Wenn man kommuniziert, empfängt man etwas Außergewöhnliches. Eine Freude*

und Glückseligkeit durchströmt das ganze Wesen und lässt einen auf-
jubeln."

Das Landleben war hart und Johannes Maria musste sowohl auf
dem Feld als auch in den Weinbergen mithelfen. Aber nicht nur die
Arbeit, sondern auch das Gebet war für den bereits Vierzehnjährigen
eine Selbstverständlichkeit.

Als ihn einmal seine Mutter suchte, fand sie ihn beim Beten in der
Scheune. Er sagte zu ihr: *„Wenn ich Priester werden könnte, würde ich
viele Seelen retten."* Seine Mutter bewahrte diese Aussage in ihrem
Herzen und bestärkte ihn darin.

Doch wie sollte das geschehen, er war ein einfacher Bauernbub
mit keiner vollständigen Volksschulausbildung und von der lateinischen Sprache hatte er keine Ahnung. Diese war aber beim Studium
der Theologie, der Lehre von Gott, Voraussetzung.

Im Jahre 1801 schloss Napoleon mit dem Papst ein Konkordat[2] ab. Somit erhielt auch Dardilly wieder einen Priester. In Johannes Maria festigte sich der Wunsch, nur dem lieben Gott zu dienen, um Menschen für Ihn zu begeistern. Leider wollte sein Vater von diesem Ansinnen nichts wissen.

Drei Jahre später trat in Ècully eine Wende ein, denn der neue Pfarrer Charles Balley, der während der Revolution in Lyon apostolisch wirkte, bereitete auch junge Menschen für das Priesterseminar vor. Johannes Maria erfuhr davon und erreichte die Einwilligung seines Vaters. Im Gespräch mit Pfarrer Balley konnte Johannes Maria diesen von seinem Glauben und seiner innigen Liebe zu Christus überzeugen. Der Pfarrer war von Johannes Maria so begeistert, dass er versprach, ihm auf seinem Weg zum Priestertum zu helfen.

---

2   Ein Vertrag zwischen einem Staat (hier Frankreich) und der katholischen Kirche.

Somit wohnte Johannes Maria mit seinen zwanzig Jahren bei seiner Tante in Ècully. Er arbeitete als Hausdiener bei Pfarrer Balley und wurde gemeinsam mit dem jungen Matthias Loras von ihm unterrichtet.

Nun begann für Johannes Maria eine schwere Zeit, denn er musste alles nachholen, was er bis jetzt in der Schule nicht gelernt hatte. Er war zwar interessiert und aufgeschlossen, aber das Studium der lateinischen Sprache[3] fiel ihm besonders schwer, denn sein Gedächtnis war nicht trainiert.

Neben den fast unüberwindlichen Lernschwierigkeiten gab es ein besonderes Ereignis. In Lyon erhielt er das Sakrament der Firmung. Die Firmung ist jenes Sakrament, das die Taufe vollendet und

---

3 Bis zum Zweiten Vatikanischen Konzil (1962-1965), das von Papst Johannes XXIII., dem Heiligen, einberufen wurde, musste die heilige Messe in jedem Land in lateinischer Sprache gelesen werden.

in dem der Firmling mit der Gabe des Heiligen Geistes beschenkt wird. Johannes Maria wählte als Firmpatron Johannes, den Täufer. In Frankreich durfte man sich bei der Firmung den Namen eines Heiligen aussuchen. Dieser sollte dann für den Firmling ein besonderer Fürsprecher beim lieben Gott sein. Leider gibt es diesen schönen Brauch nicht in allen Ländern.

Matthias Loras erkannte bald die Probleme von Johannes Maria und half ihm. Aber auch das nützte nichts. Nach mehreren Tagen geriet der zwölfjährige Nachhilfelehrer in Zorn, weil sich Johannes die elementarsten Grundbegriffe nicht merken konnte. Loras gab ihm in der Aufregung eine Ohrfeige. Doch wie groß war seine Überraschung, als der zwanzigjährige Johannes vor ihm niederkniete und ihn für sein Unverständnis um Verzeihung bat. Das beeindruckte

Loras[4] so sehr, dass er Johannes umarmte und Freundschaft mit ihm schloss, die das ganze Leben währte.

Nach reiflicher Überlegung gestand Johannes Maria Pfarrer Balley sein Unvermögen, die lateinische Sprache zu erlernen. Also wollte er nach Dardilly zurückkehren. Pfarrer Balley war wie vom Blitz getroffen. Er meinte, dass sein Vater ihn zwar mit offenen Armen aufnehmen würde, er aber seinen Herzenswunsch, Seelen zu retten, vergessen könne. Diese Aussprache mit Pfarrer Balley hatte Johannes Maria zutiefst getroffen, sodass er bitter weinte. Er unternahm eine Fußwallfahrt nach Lalouvesc zum Grab des heiligen Franz Régis, einem großen Missionar des 17. Jahrhunderts, um seinen weiteren Lebensweg zu überdenken. In diesem Wallfahrtsort legte er eine Beichte ab. Der Beichtpriester beauftragte ihn, bei der Heimreise die Not der Menschen zu erkennen und ihnen zu helfen. *„Amen, ich*

---

4   Matthias Loras wurde später Bischof in Nordamerika.

sage euch: Was ihr für einen meiner geringsten Brüder getan habt, das habt ihr mir getan." (Mt 25,40) Diese Aussage Jesu, die zur Nächstenliebe auffordert, erweckte in Johannes Maria neuen Mut und gab ihm Kraft für sein Ziel. Er setzte seine Studien mit neuer Energie fort.

Napoleon[5] wollte die Welt unter seine Herrschaft bringen, daher benötigte er viele Soldaten. Priesterseminaristen waren zwar vom Militärdienst befreit, dennoch erhielt Johannes Maria einen Stellungsbefehl und musste im Oktober 1809 in Lyon einrücken. Immer wieder erkrankte Johannes Maria, sodass ein Aufenthalt in einem Hospital notwendig war. Nach seiner Genesung sollte er mit anderen Soldaten an die spanische Grenze gebracht werden. Da bei seiner Ankunft die Truppe bereits abmarschiert war, erhielt er den Befehl, sofort seinen Kameraden nachzueilen.

---

5   Napoleon Bonaparte war Kaiser von Frankreich von 1804 bis 1815.

Nach einem langen Fußweg erreichte er stark übermüdet einen Wald. Er setzte sich nieder und begann seinen heiß geliebten Rosenkranz zu beten. Da kam ein junger Mann vorbei, der Mitleid mit dem Erschöpften hatte. Er half ihm, sein Gepäck zu tragen, und lud ihn in seine Heimatgemeinde, dem kleinen Dorf Les Robins, ein.

Der Ortsbürgermeister nahm es mit dem Stellungsbefehl von Napoleon nicht so genau. Vor allem sah er in Johannes Maria den neuen Lehrer für seine Gemeinde. Daher gab er ihm einen neuen Namen, um ihn vor allen Nachforschungen zu schützen. In dieser Zeit wohnte er bei der Cousine des Bürgermeisters, der Witwe Fayot, einer gütigen und hilfsbereiten Dame. Johannes Maria fühlte sich bei ihr und in diesem Ort sehr wohl. Er gab jung und alt Religionsunterricht und lehrte sie Lesen und Schreiben. Die Dorfbewohner waren von Johannes Maria sehr begeistert. Mit der Zeit wagte er es auch, frühmorgens im Dorf die heilige Messe zu besuchen, um seinen geliebten Heiland zu empfangen.

Großen Kummer bereitete ihm der Gedanke an seine Eltern, die nichts von ihm wussten. Durch die Namensänderung seitens des Bürgermeisters war Johannes Maria, der „Fahnenflüchtige", unauffindbar. Später stellte sich heraus, dass es sich bei seiner Einberufung um einen Irrtum der Behörden handelte.

1810 reiste Frau Fayot in die Nähe von Lyon. Johannes Maria gab ihr einen Brief an seine Eltern mit. Nach dem Lesen des Briefes war der Vater aufgebracht, weil man seinen Sohn als Deserteur[6] betrachtete und ihn suchte. Er wollte von Frau Fayot den Aufenthaltsort seines Sohnes erfahren. Sie gab dem erbosten Vater zur Antwort: *„Ich würde ihn vor ihnen so verbergen, dass sie ihn nicht ausfindig machen*

---

6   Deserteur oder Fahnenflüchtiger nennt man einen Soldaten, der sich den militärischen Verpflichtungen in Kriegs- oder Friedenszeiten entzieht.

können, denn dieser junge Mann ist wertvoller als ihr gesamtes Hab und Gut."

Napoleon erließ zu seiner Vermählung mit Marie-Louise eine Amnestie[7] für jene, die dem Militärdienst nicht nachgekommen waren. Somit konnte Johannes Maria wieder nach Hause zurückkehren. Mit großer Freude empfing ihn Pfarrer Balley, der keine Sekunde an seiner Rückkehr gezweifelt hatte. Kurz nach seiner Heimkehr starb seine Mutter. Vor ihrem Tod musste ihr Mann versprechen, Johannes Maria auf dem Weg zum Priestertum nicht zu behindern.

Mit viel Mühe gelang es Pfarrer Balley, seinen Schützling in Latein soweit zu bringen, dass er im Mai 1811 die Tonsur erhielt. Die Tonsur, eine teilweise Entfernung des Kopfhaares, galt als feierliche Einführung in den geistlichen Stand. Sie war Voraussetzung für die heiligen Weihen.

---

7   Straferlass

In der Nähe von Lyon sollte Johannes Maria das philosophische Studium erfolgreich beenden. Mit 26 Jahren war er trotz seines guten Willens der schwächste Schüler seiner Klasse. Weil Johannes Maria und weitere sieben Seminaristen den Vorlesungen in lateinischer Sprache nicht folgen konnten, entschloss man sich, diese in Französisch zu halten. Mit großer Freude schrieb Johannes Maria an Pfarrer Balley, dass es nun mit seinem Studium viel besser gehe. Um sich Kraft zu holen, begab er sich immer wieder zu seinem Heiland, dessen Gegenwart er in dem Tabernakel wusste.

Nach Abschluss des Philosophiestudiums kehrte Johannes Maria 1813 in das Pfarrhaus nach Ècully zurück und bereitete sich für die theologischen Studien im Priesterseminar zu Lyon vor.

Wieder konnte Johannes Maria den Vorlesungen kaum folgen. Seine Stärke lag in der inneren Sammlung, der Bescheidenheit und seinem Gebetseifer. Seine Kollegen stellten später fest, dass Johannes Maria schon damals durch sein demütiges, gütiges, hilfsbereites und ehrliches Verhalten aufgefallen ist. Eigenschaften, die einen hervorragenden Priester kennzeichnen. Weil ihn aber die Prüfungen in lateinischer Sprache vor Angst lähmten, wurde er aus dem Priesterseminar entlassen. Seine Kollegen bedauerten das, weil sie ihn alle sehr schätzten. Es schien, dass nun alles zu Ende sei.

In seiner Demut glaubte Johannes Maria nicht mehr an seine Eignung für den Priesterberuf. So wollte er wenigstens als Ordensbruder dem lieben Gott dienen. Er stellte einen Antrag zur Aufnahme in die Gemeinschaft der Schulbrüder. In kürzester Zeit erhielt er die Zusage.

Freudig eilte Johannes Maria zu seinem Freund und Gönner, dem Pfarrer Balley, um ihm das mitzuteilen. Aber Pfarrer Balley war von diesem Entschluss entsetzt und erbat für seinen Schützling erneut die Zulassung zum Theologiestudium. Er verbürgte sich sogar, für seine Weiterbildung Sorge zu tragen.

Johannes Maria betete noch inniger, dass der liebe Gott seinen Wunsch, Priester zu werden, erfülle.

Nach weiteren Problemen bei der Prüfungskommission (einer Gruppe von Prüfern) erreichte Pfarrer Balley, dass Johannes Maria in seiner Anwesenheit in Ècully geprüft werde. Und so erfolgte das Wunder. Johannes Maria beantwortete in Gegenwart von Pfarrer Balley alle ihm gestellten Fragen mit sehr gutem Erfolg und empfing kurze Zeit später die niederen Weihen.

Der Bischof Simon von Grenoble weihte den achtundzwanzigjährigen Johannes Maria zum Diakon. Bei seinen weiteren Studien fühlte er sich immer tiefer von der Liebe Gottes getragen.

Priester

Im Alter von 29 Jahren empfing Johannes Maria im Priesterseminar von Grenoble die Priesterweihe. Endlich hatte er sein Ziel erreicht, er war Priester.

Somit erfüllte Pfarrer Balley, sein priesterlicher Beistand und Vorbild, das Versprechen, welches er Johannes Maria bei ihrem ersten Zusammentreffen gegeben hatte.

In Ècully hielt Johannes Maria Vianney das feierliche Primizamt, wie man die erste heilige Messe eines Neupriesters nennt. Zu diesem Primizamt kamen auch sein Vater und seine Geschwister aus Dardilly. Alle freuten sich, dass er trotz aller Hindernisse und Schwierigkeiten sein Ziel erreicht hatte.

In Ècully wirkte Johannes Maria als Kaplan bei Pfarrer Balley. Er durfte neben jenem Priester tätig sein, dem er das Erreichen seines

Zieles verdankte. Eine herzliche Freundschaft verband die beiden Priester durch ihr gemeinsames Beten und Opfern.

Zweieinhalb Jahre dauerte diese wunderbare Zeit. So nahm Johannes Maria von seiner Mutter die Frömmigkeit und von Pfarrer Balley die priesterliche Haltung und Gesinnung an.

Im Winter 1817 wurde Pfarrer Balley schwer krank, sodass ihm Johannes Maria zur Stärkung die Sakramente spendete. Danach segnete er Johannes Maria und sagte: *„Behüte dich Gott, liebes Kind! ... Hab Mut! ... Hör nicht auf, den Herrn zu lieben und Ihm zu dienen! Denk im heiligen Opfer an mich! ... Dort oben werden wir einander wiedersehen!"*

Wenig später verstarb Pfarrer Balley und Johannes Maria trauerte um seinen priesterlichen Freund wie ein Sohn um seinen Vater.

Gerne hätte man in Ècully Johannes Maria als Nachfolger von Pfarrer Balley gesehen, aber das lehnte er ab.

Heute ist es sehr spät geworden. Morgen werden wir über den *Pfarrer von Ars* sprechen", sagte mein Bruder. Mich faszinierte dieser junge Mann, weil er trotz aller Schwierigkeiten sein Ziel demütig anstrebte und Priester wurde.

Pfarrer von Ars

„Zwei Monate nach dem Tod von Pfarrer Balley wurde Johannes Maria vom Generalvikar in Lyon zum Pfarrer von Ars ernannt. Dieser sagte bei seiner Ernennung zu ihm: „In dieser Pfarre fehlt es an Gottesliebe und diese sollen sie ihr bringen." Ars war ein kleiner Ort in Frankreich nördlich der Großstadt Lyon. Heute ist er in der Landkarte unter dem Namen Ars Le Formans zu finden.

Auf dem Weg nach Ars verirrte sich der junge Pfarrer. Als er auf eine Gruppe spielender Hirtenbuben traf, bat er einen, ihm den Weg nach Ars zu zeigen. Es war Antoine Givre, der ihn nach Ars führte. Vor Ars sagte Johannes Maria zu dem Jungen: *„Du hast mir den Weg nach Ars gezeigt; ich werde dir den Weg zum Himmel zeigen."*

Das kleine Dorf Ars zählte 230 Einwohner. Um eine kleine Kirche scharten sich armselige Häuser, die mit Stroh gedeckt waren. Die meisten Bewohner zeigten kein Interesse am neuen Pfarrer und der

Religion. Durch die Jahre der Revolution hielten sie diese nicht für wichtig und hatten sich von ihr entfernt.

Die Jugend hielt alle möglichen Vergnügungen für das Wichtigste in ihrem Leben und ihre Väter zeigten auch keine vorbildliche Haltung, denn viele von ihnen waren dem Alkohol verfallen.

Aber es gab in Ars eine Frau, welche die Probleme der Dorfbewohner kannte. Sie war Herrin des großen Schlosses in Ars und versuchte, allen Menschen gegenüber mildtätig zu sein. Diese Haltung gegenüber der Dorfgemeinde kam auch dem neuen Pfarrer zugute. Ihre Meinung über diesen wurde durch einen Diener so überliefert: *„Der Bischof hat uns einen guten und eifrigen Priester geschickt. Er will nichts für sich, aber alles für seine Kirche und den Heiland. Ars kann über solch einen Seelsorger glücklich sein."*

Johannes Maria erkannte sofort, dass das Hinführen der Seelen zu Gott nicht einfach sein werde. Für seine Pfarrkinder scheute er selbst kein Opfer. Er vertiefte sich noch mehr in das Gebet und war immer zur Stelle, wenn jemand etwas benötigte. Auf diese Weise erreichte er das große Vertrauen seiner Pfarrangehörigen.

Jahre später kam ein Kollege einer Nachbarpfarre zu ihm, um sich Rat für die Bekehrung seiner Pfarrgemeinde zu holen. Johannes Maria antwortete ihm: *„Mein lieber Freund, meiner Erfahrung nach kann eine Umkehr der uns Anvertrauten nur durch Enthaltsamkeit in Trinken, Essen und Schlafen erfolgen. Darum frage ich sie, ob sie für ihre Pfarrkinder auch gebetet und gefastet haben?"*

Wie ein guter Hirt für seine Schafe fühlte sich der Pfarrer von Ars für jeden Einzelnen seiner Pfarrgemeinde verantwortlich. *„Ich bin der gute Hirt; ich kenne die Meinen und die Meinen kennen mich, wie mich der Vater kennt und ich den Vater kenne; und ich gebe mein Leben hin für die Schafe."* (Joh 10,14-16)

Johannes Maria hatte die Gabe, in kurzen und klaren Worten seiner Pfarrgemeinde das Evangelium verständlich zu machen. *„Seht, meine Kinder, wir müssen bedenken, dass wir eine Seele haben, die* *wir retten müssen, und eine Ewigkeit, die uns erwartet. Die Welt, ihre Reichtümer, Vergnügungen und Ehren werden vergehen; Himmel und Hölle werden niemals vergehen. Seid daher wachsam!"*

Immer wieder betonte er die unendliche Barmherzigkeit Gottes mit den Worten: *„Die Barmherzigkeit Gottes ist wie ein übergetretener Strom. Sie reißt die Herzen in ihrem Fluss mit."* Seine einfachen und bildhaften Predigten bewirkten, dass immer mehr Menschen in Ars seine Ausführungen hören wollten. Oft erwähnte er, dass der Mensch auf seine innere Stimme, dem Gewissen, hören muss, um danach richtig zu handeln. Auf diese Weise gelang es ihm, seiner Pfarrgemeinde eine konsequente Gewissenserforschung beizubringen.

Er betonte auch die große Güte Gottes: *„Unsere Fehler sind Sandkörner gegenüber dem großen Berg der Barmherzigkeit Gottes. Gott will uns glücklich machen und wartet auf Seine Kinder, Er sucht sie und geht auf sie zu."*

Diese Aussagen bewirkten, dass immer mehr Menschen in seinen Beichtstuhl kamen, um von der Barmherzigkeit Gottes erfasst zu werden. Jeder Einzelne wurde von seinen Worten ergriffen und fühlte, dass er sich mit Gott versöhnen muss, um sein Leben zu ändern.

Oft suchte man den Pfarrer. Man fand ihn in der Kirche, wo er vor dem Tabernakel zu seinem Heiland für seine Schützlinge betete.

Im Juni 1821 wurde Ars offiziell zur Pfarre erhoben. Mit Hilfe seiner Pfarrkinder begann Johannes Maria die Kirche in kleinen Schritten zu erneuern. So errichtete er die erste Seitenkapelle für die Muttergottes. Zwei Jahre später ließ er zu Ehren von Johannes dem Täufer, seinen Firmpatron, eine weitere Kapelle bauen.

Einmal beichtete eine Frau beim Pfarrer. Unterdessen wartete ihr Gatte teilnahmslos in der Kirche. Nach der Beichte winkte ihn der Pfarrer zu sich und fragte, wann er das letzte Mal beichten war. Er meinte, dass es vor einigen Jahren gewesen sei. Der Pfarrer schüttelte den Kopf, also sagte der Mann: *„Vor zehn Jahren."* Darauf entgegnete der Pfarrer: *„Nun, sagen wir vor zwölf Jahren, dann stimmt es. Komm jetzt in den Beichtstuhl."* Und der Mann ging in den Beichtstuhl und durfte die Barmherzigkeit Gottes erfahren.

Das gewinnende Wesen des Pfarrers bewirkte, dass viele, die der Kirche fern geblieben waren, ein neues Leben begannen, indem sie beichteten und die heilige Messe besuchten.

Wenn am Abend die Glocke zum Engel des Herrn ertönte, gingen fast alle in die Kirche zum gemeinsamen Gebet. Und jene, denen es nicht möglich war, beteten wenigstens das Abendgebet gemeinsam mit ihrer Familie daheim. Für die Frauen von Ars gründete der Pfarrer eine Rosenkranzgemeinschaft, die sich regelmäßig zur Anbetung in der Kirche einfand und den Rosenkranz betete.

Im November 1823 schrieb Johannes Maria seiner Quartiergeberin, der Witwe Fayot[8]: *„Ich befinde mich in einer kleinen Pfarre, die voller Eifer ist und Gott aus ganzem Herzen dient. Ars ist nicht mehr das alte Ars!"*

Diese Pfarre erhielt jene Gnaden, die sich Johannes Maria von seinem Heiland erbeten hatte."

Damit beendete mein Bruder seine Erzählung an diesem Nachmittag: „Morgen möchte ich dir über den Pilgerstrom nach Ars und die heilige Philomena *berichten." Ich musste aber an die Beichte des Mannes denken, also fragte ich: „Warum war dieser Mann zwölf Jahre lang nicht beichten? Da muss doch das Licht in seinem Herzen erloschen sein?" „Da hast du vollkommen recht, aber Gott gibt dem Menschen immer wieder die Chance, neu anzufangen."*

Am nächsten Tag setzte mein Bruder seine Erzählung fort:

---

8 Sie hatte Johannes Maria, den scheinbar Fahnenflüchtigen, im Dorf Les Robins beherbergt.

Pilgerstrom nach Ars und die heilige Philomena

„Schon im Jahre 1830 stieg der Pilgerstrom nach Ars so gewaltig an, dass eigene Postwägen eingesetzt wurden, die dreimal in der Woche von Lyon nach Ars verkehrten.

Um beim Pfarrer von Ars beichten zu können, mussten die Gläubigen lange warten. Oft betrug die Wartezeit länger als einen Tag. Daher wurden neue Gaststätten eröffnet, in denen die Pilger sowohl Unterkunft als auch Verpflegung fanden.

Immer wieder sprach man von Wundern und Heilungen im Zusammenhang mit dem Pfarrer Vianney. Dieses Aufsehen um seine Person widersprach seiner Demut. Daher betonte er, dass diese Wunder nur durch die Fürsprache der heiligen Philomena erfolgten. Also ließ

Johannes Maria zu Ehren dieser Heiligen eine weitere Seitenkapelle in der Kirche von Ars errichten.

Wie jedes Jahr verbrachte der Bruder der Schlossherrin seine Ferien in Ars. Bei dieser Gelegenheit lernte er den Pfarrer kennen. Es entwickelte sich eine Seelenfreundschaft, die durch viele Briefe dokumentiert ist. Erhielt dieser einen Brief von Johannes Maria, der meistens auch eine Bitte für seine Kirche enthielt, zögerte der junge Herr nicht, diese seinem Freund zu erfüllen. So konnte die Kirche von Ars renoviert werden. Auch neue Messgewänder und drei silberbestickte Fahnen für Prozessionen wurden angeschafft.

An einem wunderschönen Junitag strömten viele Menschen zur Kirche. Kanonenschüsse ertönten, wie es bei einem außerordentlichen Feiertag üblich war. Es handelte sich nämlich um Fronleichnam. Und die Feier dieses jährlichen Festes bedeutete für den Pfarrer von Ars und seine Bewohner eine ungeahnte Freude. Nach dem Läuten der Glocken vom Kirchturm kam eine große Menschenmenge aus der Kirche und formte sich zu einer Prozession, die von Reitern mit wehenden Fahnen begleitet wurde. Die Prozession zog durch die Baumallee bis zum Ende des Dorfes, wo vor dem Schloss ein Altar errichtet war. Der Duft des Weihrauchs zur Ehre Gottes erfüllte die ganze Umgebung. Vor dem Altar verließ der Pfarrer den Baldachin, um die Monstranz, in der sich der Heiland befand, auf den Altar zu stellen. Beim Segen mit der Monstranz sanken alle auf die Knie, weil sie wussten, dass der Heiland sie segnete. Für die vielen Menschen bildete das Fronleichnamsfest neben Weihnachten und Ostern einen Höhepunkt. Ein Fest mit einem solchen Glanz und einer solchen Innigkeit fand man nur in Ars."

Leider verging auch dieser Nachmittag viel zu schnell. Mit Neugierde wartete ich auf den nächsten Tag. An diesem berichtete mein Bruder von den Werken und Wundern des Pfarrers. Er begann seine Erzählung mit dem folgenden Satz:

Werke, Wunder und Vorhersagen

„‚Wo die Liebe und die Güte wohnt, dort nur wohnt der Herr!‘ Genau nach diesem Psalm lebte die Pfarrgemeinde von Ars. Sogar an Werktagen besuchten die Bewohner die heilige Messe und empfingen den Heiland in der Kommunion. Liebe und Eintracht herrschten unter den Pfarrangehörigen.

Das Felderbeten, ein Brauch, der in manchen Bundesländern Österreichs und in Regionen Frankreichs noch gepflegt wird, hatte der Pfarrer von Ars nach Jahren des Vergessens wieder eingeführt. Das Fest der Kreuzauffindung ist der Gedenktag der Auffindung des Kreuzes Christi von der Kaiserin Helena. An diesem Tag, dem 3. Mai, wurden von den Bauern selbst angefertigte, kleine Holzkreuze gesegnet und anschließend in den Feldern aufgestellt. Wenn man dann zur Zeit der Ernte eines dieser Kreuze fand, betete man gemeinsam ein Vaterunser und ein Avemaria, um Gott für diese Ernte zu danken.

Auch um die Bildung im Dorf sorgte sich der Pfarrer. Bereits im November 1824 konnte die Mädchenschule in Ars eröffnet werden. Die Leiterinnen dieser Schule waren Katharina Lassagne und Benedikta Lardets, die eine Ausbildung in Fareins bei den St. Josephschwestern[9] absolviert hatten. Schon nach kurzer Zeit kamen immer mehr Kinder aus den Nachbardörfern, sodass sich das gekaufte Haus bald als zu klein erwies. Um ihnen den täglichen Weg in ihre Heimatdörfer zu ersparen, dachte der Pfarrer an ein Internat. Und so geschah es, dass ein großes Grundstück gekauft wurde, um das Schulgebäude zu vergrößern und ein Internat zu errichten. Selbst der Pfarrer arbeitete als Maurer, Zimmermann und Dachdecker mit.

Ab Oktober 1827 widmete Pfarrer Vianney das Internat zu einem Waisenhaus für acht- bis zwölfjährige Mädchen um, dem er den

---

9   Die St. Josephschwestern sind ein katholischer Frauenorden, der von einem Jesuiten in Frankreich gegründet wurde.

Namen *„Haus der Vorsehung Gottes"* gab. Die Leiterin, Katharina Lassagne, berichtete, dass der Pfarrer täglich dieses Haus aufsuchte, um den Religionsunterricht zu halten. Sein tiefes Gebetsleben und seine einfachen Ausführungen beeindruckten die Mädchen so sehr, dass auch ein Wandel in den Kindern festzustellen war.

Manchmal freute es den Pfarrer auch, *„seine"* Kinder im Haus der Vorsehung beim Mittagessen selbst zu bedienen. Als Katharina Lassagne eine Platte mit Kürbissen herrichtete und fürchtete, dass sie für die Kinder nicht reichen würde, nahm ihr der Pfarrer die Platte aus der Hand und begann, jedem Kind ein großes Stück Kürbis zu geben. Als Katharina das merkte, sagte sie dem Pfarrer, dass sicher nicht alle Kinder einen Kürbis erhalten werden, wenn er so große Stücke verteile. Doch wie staunte sie, dass doch alle Kinder gleich große Stücke bekamen.

Eines Tages stellte der Pfarrer fest, dass das Getreide in seinem Speicher fast aufgebraucht war. Wie sollte er seine Kinder ernähren?

Da er aber weder seine Pfarrbewohner noch die Schlossherrin anbetteln wollte, betete er zum heiligen Franz Regis, der ihm in seiner Studienzeit so wunderbar geholfen hatte.

Als die Bäckerin im Haus der Vorsehung dem Pfarrer meldete, dass kein Mehl vorhanden sei, um Brot zu backen, meinte der Pfarrer, dass sie auf dem Speicher nachschauen soll, ob sie mit dem vorhandenen Getreide noch etwas anfangen könne. Doch wie staunte diese, als sie die Tür zum Speicher kaum aufbrachte, weil dieser mit Getreide übervoll war.

Einmal kam eine Mutter, deren Sohn Priester war, zum Pfarrer von Ars. Sie hatte ihren Sohn um einen wichtigen Rat gebeten, doch sie zweifelte an seinem Vorschlag. Der Pfarrer begrüßte die Frau wie eine langjährige Bekannte und sagte: *„Was machen denn sie da? Gehen sie nach Hause und befolgen sie den Rat ihres Sohnes.“* Die Frau schämte sich und war völlig überrascht, dass der Pfarrer bereits ihre Probleme kannte.

An einem frühen Morgen kam Johannes Maria in die Kirche, um Beichte zu hören. Nach einem kurzen Gebet vor dem Allerheiligsten ging er in die Kapelle der heiligen Philomena, wo ein junges Mädchen betete. Trotz der vielen Wartenden sagte er zu dem Mädchen: *„Sie haben es eilig, Fräulein. Bitte kommen sie als Erste gleich mit mir.“* Kaum hatte das Mädchen im Beichtstuhl zu sprechen begonnen, unterbrach sie der Pfarrer und sagte: *„Was sie mir gesagt haben genügt. Ich kenne ihren Fall... Aber beeilen sie sich! Sie haben keine Zeit mehr zu verlieren!“* Das Mädchen, das aus der Umgebung von Montpellier stammte, hatte nämlich eine große Erbschaft gemacht. Sie musste sich entweder für ein Leben im Reichtum oder einem Leben als Nonne entscheiden. Nachdem sie in Montpellier alles erledigt hatte, fuhr sie nach Avignon und trat in ein Kloster ein. Kurz nach ihrer Ankunft wurde sie von Cholera befallen und am nächsten Morgen starb das Mädchen.“

Da fragte ich meinen Bruder: „Was war das für ein Wunder, wenn das Mädchen doch gestorben ist?" Mein Bruder schaute mich überrascht an und sagte: „Das Wunder bestand darin, dass der Pfarrer bereits wusste, dass sie sterben wird und ihr den Rat gab, sich trotz der großen Erbschaft richtig zu entscheiden." „Und durch Cholera stirbt man?", fragte ich weiter. „Ja, Cholera ist genauso eine Krankheit wie Pest, von der du in der Schule schon gehört hast. Nun erzähle ich dir von einem weiteren Wunder:

Als eine Frau mit Krücken über den Platz vor der Kirche ging, begegnete sie dem Pfarrer und dem Abbé Tocanier. Als Johannes Maria sie sah, hatte er Mitleid mit ihr und ermutigte sie zum Gehen ohne Krücken. Da sie sich nicht rührte, fühlte sich der Abbé Tocanier bemüßigt zu sagen: *„Tun sie doch, was man ihnen sagt!"* Da legte die Frau die Krücken weg und konnte sich ohne diese fortbewegen.

Eines Tages stand eine Frau mit ihrem Sohn, den sie in ihren Armen hielt, in der Kirche. Pfarrer Vianney ging zu ihr und sagte: *„Aber der*

Knabe ist doch zu groß, um getragen zu werden!" Die Frau erwiderte:
"Er ist von der Hüfte abwärts gelähmt! Er kann keinen Schritt gehen."
"Er wird es schon können. Haben sie Vertrauen zur heiligen Philomena.
Sie wird helfen. Wie heißt du, Kleiner?", fragte der Pfarrer. *"Johannes*
Maria!", antwortete der Gelähmte. *"Johannes Maria Dévoulet heißt*
er!", ergänzte die Mutter und ließ den Jungen auf den Boden. Als der
Junge ein wenig einknickte, sagte der Pfarrer: *"Nehmen sie ihn nicht*
wieder auf, gehen sie mit ihm zur Heiligen!" Mit Unterstützung der
Mutter schaffte er den Weg zur heiligen Philomena. Dort kniete er
sich ohne fremde Hilfe nieder und verharrte im Gebet, weil er seine
Füße wieder spüren konnte.

Den Pfarrer von Ars zeichneten seine Demut, sein Fasten und
Beten aus. Er nahm sich den Wüstenvater[10] Poemius zum Vorbild,

---

10 Wüstenväter sind frühchristliche Mönche, die seit dem späten 3. Jahr-
   hundert entweder als Einsiedler oder in Gruppen ein zurückgezoge-

der einem Mitbruder sagte: *„Solange dein Topf auf dem Feuer steht, werden weder Fliegen noch sonstiges Getier sich ihm nähern. Ist er aber kalt geworden, dann werden sie sich darauf stürzen. Ebenso geht es mit dem Mönch. Solange er in Gebet und Betrachtung aufgeht, wird der böse Feind keine Möglichkeit finden, über ihn zu triumphieren.“*

„Ist das nur bei Mönchen so?“, unterbrach ich wieder meinen Bruder. *„Nein, der Wüstenvater meint damit jeden Menschen, der nicht mehr betet. Stell dir vor, du vergisst am Morgen beziehungsweise am Abend zu beten, dann verblasst der liebe Gott in deinem Herzen. Du wirst lau, dein Licht wird ganz schwach und die Liebe zu Gott kann erlöschen.*

Genau das konnte den Bewohnern von Ars nicht passieren, weil ihre Zufluchtsstätte der Tabernakel war. Jeder Bewohner von Ars wusste, dass darin Jesus Christus gegenwärtig ist, dem man alle

---

nes, durch Askese, Gebet und Arbeit bestimmtes Leben in den Wüsten Ägyptens und Syriens führten.

Sorgen und Probleme mitteilen konnte. Denn sagte nicht Christus: ‚Kommt alle zu mir, die ihr euch plagt und schwere Lasten zu tragen habt.' (Mt 11,28)

Morgen werde ich dir über den Heimgang zu Gott, den Tod von Johannes Maria, berichten", sagte mein Bruder und beendete diese Erzählung. Ich bewunderte meinen Bruder, weil er so viel über diesen Pfarrer wusste. Am nächsten Nachmittag setzte mein Bruder mit folgenden Worten fort:

Heimgang zu Gott

„Letztes Mal sprachen wir von den Wundern, die der Pfarrer im Laufe der Jahre wirkte. Es kam nun die Zeit, in der er älter wurde und sich bereits sehr kränklich fühlte. 1858 war Pfarrer Vianney so geschwächt, dass er die Missionare, welche die Pfarre von Ars aufsuchten, bei den üblichen Hausbesuchen nicht mehr begleiten konnte. Er bat seine Pfarrgemeinde, diese aufzunehmen und mit ihnen zu beten. Im Beichtstuhl überfielen ihn plötzliche Hustenanfälle, sodass er kurze Pausen einschieben musste.

Im April 1858 begann er mit einer Sammlung für den Bau einer Kirche zu Ehren der heiligen Philomena. Er selbst erhielt von den Pilgern im Laufe der Zeit Spenden, die er vollständig der Kirchensammlung beisteuerte. Ende 1858 konnte er dem Architekten Bossan von Lyon den Auftrag zur Planung erteilen. Dieser Bau wurde aber erst nach dem Tod des Pfarrers fertiggestellt und ist heute noch als Basilika von Ars zu bewundern.

Eines Tages sagte Pfarrer Vianney zu Katharina Lassagne: *„Wir müssen uns nun auf den Weg machen. Ich muss bald sterben!"* Sein Husten wurde immer stärker und es gab kein Mittel zur Linderung. Dennoch begab er sich immer wieder in die Kirche, um Beichte zu hören.

Wenn der Pfarrer den Beichtstuhl verließ, kam Bewegung in die Menschenmenge. Jeder wollte ihn berühren und der duldsame, abgemagerte Pfarrer ließ die Menschen gewähren.

In den Geschäften von Ars konnte man unter Rosenkränzen, Medaillen und Kerzen bereits Bilder von Pfarrer Vianney finden. Doch all das änderte an seiner Demut nichts. Das von Schmerz gequälte Gesicht des Pfarrers wurde dem seines über alles geliebten Heilands immer ähnlicher.

Am Abend des Ostertages im Jahre 1859 sprach Vianney bereits sehr geschwächt zu seiner Herde: *„Ich habe euch um mich versammelt wie Moses sein Volk am Ende des langen Wüstenweges, bevor er den Berg seines Todes erstieg. Ich danke euch für eure Liebe, danke euch, dass ihr mich durch so viele Jahre ertragen habt. Nie habt ihr mir etwas abgeschlagen, um das ich euch bat. Heute bitte ich euch, baut ein neues Gotteshaus zu Ehren der kleinen Heiligen, die unseres Dorfes Wohltäterin ist, die so viele Seelen tröstet und so viele Wunder der Barmherzigkeit wirkt. Sie lasse ich euch zurück, wenn ich von euch scheide. Baut die Kirche der heiligen Philomena! Die Stimme versagt mir armen, alten Mann. Die Ostergnade erleuchte euer Herz. Das ist es, was ich euch wünsche."*

Fast jeden Tag und viele Nächte verbrachte der sehr geschwächte Pfarrer im Beichtstuhl. Immer öfter verließen ihn seine Kräfte. Aber er wollte alle Menschen, die zu ihm kamen, von der Sünde befreien.

Eines Morgens feierte er gestützt von seinem Kaplan die heilige Messe. Als er den Heiland in den Händen hielt, sagte er leise: *„O Herr, wenn ich wüsste, dass ich Dich in der Ewigkeit nicht schauen dürfte, dann ließe ich Dich nimmer los!"*

Spät abends verließen ihn die Kräfte. Am Morgen kam der Pfarrer aus Jassans, bei dem Pfarrer Vianney demütig beichtete.

Trotz der großen Sommerhitze drängten sich viele Dorfbewohner und Pilger zur Tür des Zimmers von Johannes Maria, um von ihm noch einmal gesegnet zu werden.

Am 3. August 1859 brachte man ein kleines Mädchen in die Krankenstube des Pfarrers. Sie teilte ihm mit, dass ihr Großvater im Sterben liege. *„Wer ist denn dein Großvater, mein Kind?"*, fragte Vianney. *„Antoine Givre heißt er!"*, antwortete das Mädchen. *„Er erzählt immer, er hätte ihnen den Weg nach Ars gezeigt und sie hätten gesagt, sie würden ihm dafür den Weg zum Himmel zeigen."* *„Ja, ich weiß!"*, erwi-

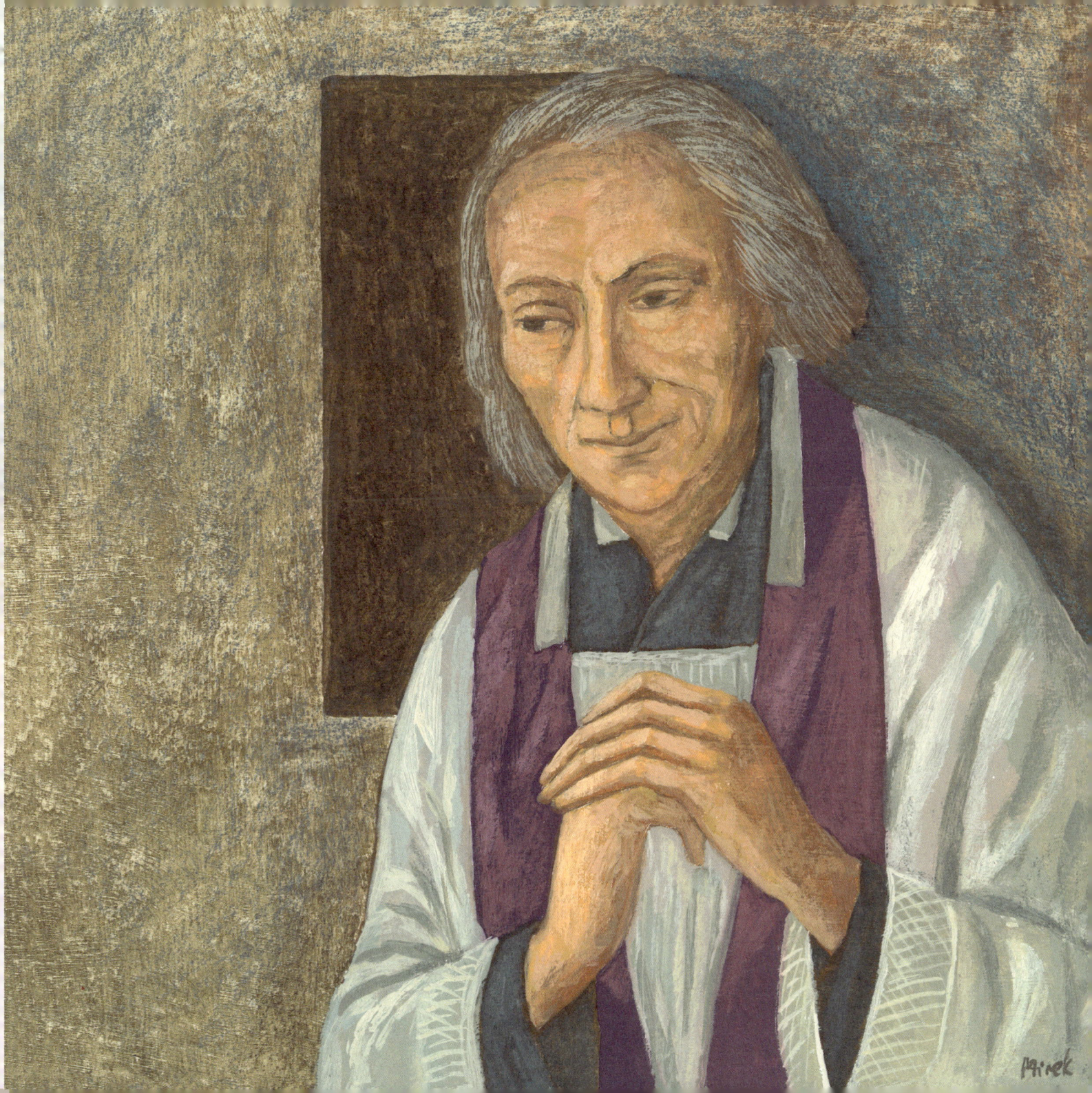

derte der Pfarrer. „*Sag deinem Großvater, morgen werde ich ihn vor das Himmelstor bringen!*"

In ständiger Vereinigung mit seinem geliebten Heiland erwartete Vianney den Beginn des neuen Lebens. Am 4. August legte Vianney mit einem Lächeln auf seinen Lippen seinen Geist in die Hände Gottes. Auf Grund seiner Wunder und Ausstrahlung wird Pfarrer Johannes Maria Vianney[11] heute als Heiliger verehrt."

Doch eine Frage quälte mich und ich fragte meinen Bruder: „*Wieso hielt der Pfarrer den Heiland in seinen Händen?*" Mein Bruder antwortete mir: „*Wenn der Priester die Wandlungsworte gesprochen hat: ,Nehmet und esset alle davon: Das ist mein Leib, der für euch hingegeben wird', weiß der Priester und alle, die daran glauben, dass nun*

---

11 Papst Pius X. verkündete am 8. Jänner 1905 seine Seligsprechung. Am 31. Mai 1925 wurde Johannes Maria zum Heiligen der katholischen Kirche erklärt.

Christus gegenwärtig ist. Du siehst zwar die Hostie, doch diese ist nur ein Zeichen, das du übersiehst, um Christus zu sehen." „Das verstehe ich jetzt nicht!", unterbrach ich meinen Bruder. „Hast du den Strom schon einmal gesehen?", fragte mich mein Bruder. „Nein!", antwortete ich. *„Aber du siehst das Licht, welches um uns alles hell macht. Und wenn du dich einmal elektrisierst, dann spürst du den Strom. So ist es auch mit der heiligen Hostie. Menschen, die an Christus glauben, besuchen sehr oft die heilige Messe, um den Heiland zu empfangen. Wenn du mit solchen Menschen sprichst, dann merkst du bei vielen eine Ausstrahlung, die dich berührt. Sie schenken die Freude und den Frieden, die sie durch den Empfang der Kommunion verspüren, weiter.*

Und wenn du öfter mit dem Heiland sprichst, so wie es dir gerade mit deinen eigenen Worten einfällt, dann wirst auch du nach dem Empfang der heiligen Kommunion den Heiland wahrnehmen. Er erfreut dein Herz und dein ganzes Wesen verändert sich, wenn du dich von Ihm erfassen lässt.

Im Neuen Testament findest du viele Beispiele, die zeigen, welche Ausstrahlung Jesus hatte und wie Er die Menschen begeisterte. Seine Apostel und Jünger folgten Ihm bedingungslos nach. Einer wollte Ihm nachfolgen, aber sein großer Besitz hinderte ihn daran (siehe Mk 10,17-31). Und der Apostel Petrus war ein glühender Verehrer von Jesus. Er wollte für Jesus sogar durch das Feuer gehen. Er traute sich aber zu viel zu. Er hat Jesus dreimal verraten. Aber seine Reue bewirkte, dass ihm Jesus verziehen hat (siehe Mk 14,66-72) und Petrus wurde der erste Heilige Vater. Doch darüber werden wir ein anderes Mal sprechen.

Trotz aller Begeisterung für Jesus kann man auch Fehler begehen. Aber wenn man seine Fehler erkennt und Jesus um Verzeihung bittet, dann nimmt Er diese immer an. Daher ist das Versöhnen mit Gott ganz wichtig.

Nun habe ich dir sehr viel erzählt und ich glaube, dass du sehr müde sein wirst."

Diese Erzählung meines Bruders bewegte mich so sehr, dass ich ihn dankbar umarmte. Für mich sollte dieser Heilige, Johannes Maria Vianney, der Pfarrer von Ars, ein Vorbild werden. Mit vielen Gedanken und einer großen Freude auf meine Erstkommunion schlief ich ein.

Die Begegnung

Endlich kam der Tag, den ich mit großer Sehnsucht erwartete. Das erste Mal durfte ich zur Kommunion gehen, um den Heiland zu empfangen.

Unsere Religionslehrerin gab uns in der Klasse noch einige organisatorische Anweisungen und danach stellten wir uns in Zweierreihen am Gang auf. Ich freute mich über meinen schönen Anzug und die Taufkerze, die ich in der Hand hielt. Als sie angezündet wurde, dachte ich an die Aussage der Mutter von Johannes Maria auf seine Frage, was denn die Seele sei.

Dann gingen wir beim Schultor hinaus und betraten beim Klang der Orgel die daneben liegende Kapelle der heiligen Ursula. In diesem Augenblick hatte auch ich den Vorsatz, nie wieder etwas Böses zu tun, um dem Heiland Freude zu bereiten.

Während der heiligen Messe sangen Schülerinnen der Oberstufe. Alles war ganz feierlich und aufregend. Als der Priester die Wandlungsworte sprach und die heilige Hostie in die Höhe hob, erinnerte ich mich an die Worte meines Bruders. Ich wusste, dass es der Heiland ist, der auf mich wartet und den ich bald in mein Herz aufnehmen durfte.

Und dann kam der Moment, da wir zur Kommunionbank gingen. Der Priester spendete uns die heilige Hostie. Mein Gott, welche Freude durchströmte meinen ganzen Körper und ich flüsterte nur: „Herr Jesus, danke, dass Du bei mir bist."

Quellennachweis

BIERMEIER MAG. ROLAND, Der Pfarrer von Ars. Sein Leben und sein Wirken. Diplomarbeit zur Erlangung des Magisteriums der Theologie, eingereicht an der Theologischen Hochschule Linz, ohne Datum

CHRISTIANI LOUIS, Der heilige Pfarrer von Ars. Johannes-Verlag Leutesdorf, Germany 1998; Übersetzung der französischen Originalausgabe von Johann Josef Zimmer

FOURREY R., JEAN MARIE VIANNEY CURÉ D'ARS, Vie authentique, St. Etienne 1987

HÜNERMANN W., Der Pfarrer von Ars, Johannes Vianney, Tyrolia-Verlag, 1986

NODET B., JEAN-MARIE VIANNEY CURÉ D'ARS, "Pensées", Alencon 1989

Rossé G., Der Pfarrer von Ars an seine Gemeinde,
München-Zürich-Wien 1989

Sanctuaire d'Ars, Seine Geduld erwartet uns ..., 100 Worte
über die Barmherzigkeit, Imprimerie Agb Bourg-en-Bresse
(Ain)

Trochu F., Le curé d'Ars, Saint Jean-Marie-Baptiste Vianney,
Montsurs 1987